Les MEILLEURES BLAGUES *du* DALAÏ-LAMA

CAMILLE SAFÉRIS

Les MEILLEURES BLAGUES *du* DALAÏ-LAMA

ÉDITIONS
HORS COLLECTION

ISBN 2-258-05269-6
N° d'éditeur : 369

Retrouvez-nous sur Internet
http://www.ed-hors-collection.tm.fr
Catalogue, informations, jeux, messagerie
Email : HORSCOLL@aol.com

« Nous autres Tibétains, aimons les spectacles et les cérémonies, les tenues élégantes, voire d'apparat, et plus encore ce trait de notre caractère national : nous adorons la plaisanterie. J'ignore si nous rions toujours aux mêmes choses que les Occidentaux, mais nous trouvons presque toujours un prétexte à rire. Nous sommes, comme on dit, d'une nature insouciante et décontractée ! »

Sa Sainteté le Dalaï-Lama

INTRODUCTION

C'est de notoriété publique : le Dalaï-Lama est un sacré farceur. Rarement on a vu un chef spirituel et politique aussi porté sur la déconnade que Sa Sainteté. À la moindre occasion, il sait détendre l'atmosphère avec un trait d'esprit, un proverbe hilarant, une saillie irrésistible. Son naturel drolatique fait merveille en toutes circonstances, et son rire si particulier marque à jamais ceux qui ont eu la chance de l'approcher !
C'est pourquoi je me suis attelé avec un parfait bonheur à cette réjouissante compilation des meilleures blagues racontées par Sa Sainteté, celles qui font hurler de rire son entourage et que le monde ignorait encore.
Durant de longs mois, j'ai suivi mon ami le Dalaï-Lama dans ses voyages aux quatre coins de la planète, assisté à ses conférences de presse, à ses multiples discours souvent truffés d'anecdotes poilantes. J'ai eu la chance de passer des heures entières en privé avec lui, à recueillir ses meilleurs jeux de mots et ses devinettes préférées. Peu à peu, le Dalaï-Lama et moi-même sommes devenus plus proches, et nous sommes finalement partis en vacances ensemble sur les

hauts plateaux tibétains pour faire du camping, très simplement, d'une façon très décontractée. Ce fut un voyage magique. Chaque soir, sous la lune, à la seule lumière du feu de camp de notre bivouac, Tenzin Gyatso (c'est son petit nom) se souvenait de toutes ces blagues tordantes et nous passions des heures à rire comme des collégiens. Que de souvenirs merveilleux ! Notre voyage a duré plusieurs semaines, durant lesquelles je notais inlassablement les paroles de Sa Sainteté... Et puis un matin, à l'heure où la lumière de l'aube filtre à travers les feuilles de l'arbre, quand les premières gouttes de rosée naissent sur la délicate fleur du lotus... ma femme a bougé et je me suis réveillé.

Nom d'un bouddha !

C.S.

C'est un moine qui repeint son plafond. Sa Sainteté le Panchen Lama arrive et lui lance :
— Accroche-toi à ton pinceau, je retire l'échelle de bambou. Il s'exécute. Alors le moine tombe par terre, déchirant sa toge et se faisant très mal.

Moralité : Aussi haut que soit le nirvana, il y a certains jours où il ne faut pas essayer de le repeindre !

Que fait une grenouille qui tombe dans l'eau du lac de Taldung ?

■ « PLOUF ! »

C'est un moine (le même que tout à l'heure) qui repeint son plafond. Sa Sainteté le Panchen Lama arrive et lui lance :

— Accroche-toi à ton pinceau, je retire l'échelle de bambou.

Il s'exécute. Alors le moine reste collé au plafond, accroché à son pinceau, et il s'exclame :

— Ha ha, je vous ai bien eu, Votre Sainteté : je la connaissais déjà !

« Dans la vie, je n'ai que trois passions : le bouddhisme et Cindy Crawford ».

(Richard Gere.)

Le ministre des Affaires étrangères chinois Chen Yi passe en voiture devant une statue de Chou En-Lai. Il demande à son directeur de cabinet :

— Chou En-Lai, c'est celui qui a écrit *Le Petit livre rouge* ?

— Non, monsieur le ministre, *Le Petit livre rouge*, c'est Mao Tsé-Toung.

— C'est bizarre, réfléchit-il à voix haute. Mao Tsé-Toung a écrit *Le Petit livre rouge* et on a érigé le monument à Chou En-Lai !

Deux moines restés à Lhassa après l'invasion du Tibet regardent vers le ciel. L'un dit :

— Regarde Sonam, une hélicoptère de l'armée chinoise !

Sonam répond :

— Ah non Wandgu, c'est « un » hélicoptère !

— Nom d'un bouddha ! Tu as une bonne vue, Sonam !

Dans un village des monts Kunlun, deux hommes se disputent et n'arrivent pas à se mettre d'accord. Ils décident d'aller demander son avis à un sage. Le premier se rend chez le sage Lobsang et lui donne sa version du conflit :

— Vous avez absolument raison ! lui répond Lobsang.

Le lendemain, le second y va et lui explique sa vision des choses.

— Vous avez complètement raison, lui répond Lobsang.

Alors le frère de Lobsang, qui a tout entendu, le gronde :

— Voyons, Lobsang ! Avec deux versions si différentes, il est impossible que ces deux hommes aient raison tous les deux !

— Tu as entièrement raison, lui répond Lobsang.

Dans un monastère de Bylakuppe, un très vieux lama boit du thé vert sur sa natte en compagnie d'un moine plus jeune. Soudain il lui dit, l'air grave :

— J'aimerais bien savoir qui est ce monsieur qui me regarde depuis tout à l'heure.

— Sans doute un antiquaire, maître !

Tsintsin se promène dans Lhassa et se fait arrêter par des soldats chinois.

— Où habites-tu ? lui demandent-ils.

— Derrière le temple, répond Tsintsin.

— Et ton métier ?

— Vachier.

Les soldats notent cela et laissent filer Tsintsin. Mais trois jours plus tard, au quartier général, un soldat chinois reprend la fiche et lit ceci : *Tsintsin vachier derrière le temple.*

Deux très jeunes moines sont assis sur les marches d'un monastère de McLeod Ganj. Ils échangent leurs points de vue sur la non-violence.

— Dis-moi, Rimpoché, fait l'un, pourquoi le grand lama a-t-il dit qu'il fallait absolument laisser faire un Chinois qui tente de nous frapper avec ses lunettes ?

— C'est simple, fait l'autre. C'est parce que, s'il ne casse pas ses lunettes, il y verra assez clair pour prendre une matraque !

— Je ne comprends pas, dit un vénérable lama à l'un de ses jeunes frères, ces derniers temps je souffre de graves troubles de mémoire, je n'arrive pas à me rappeler plus de trois tomes de l'histoire de Siddhartha !

Habituellement admiratif, le jeune frère est plutôt circonspect. Au bout de quelques minutes, il lance à son aîné :

— Et depuis quand ?

— Depuis quand quoi, jeune frère ?

Près du fleuve Makang, Tsintsin voit son vénérable père dans le plus simple appareil. Intrigué, il désigne ses parties génitales et lui demande comment cela s'appelle. Plein de compassion, le père de Tsintsin lui dit :

— Ça, ce sont mes respects.

Le lendemain, une délégation de moines venus du Japon arrive au temple, et la mère de Tsintsin le prévient :

— Il faudra que tu leur présentes tes respects !

Alors, en accueillant les moines japonais, Tsintsin leur lance :

— Bonjour, je vous présente mes respects !

Et soudain, très fier, il lève sa toge jusqu'à la taille…

Le maître de Sonam termine sa leçon sur les animaux. Il veut vérifier si ses élèves ont bien compris.
— À quoi sert le yack ? demande-t-il.
— À nous donner du lait, maître ! répondent en chœur les petits.
— Très bien. Et à quoi sert le mouton ? demande-t-il.
— À nous donner de la laine, maître ! répondent en chœur les petits.
— Parfait. Et à quoi sert le lama ? demande-t-il.
— À nous donner des devoirs, maître ! répondent en chœur les petits.

Pourquoi est-il très difficile de prendre en photo le Dalaï-Lama avec sa coiffe de cérémonie jaune ?

■ Parce qu'on ne sait pas où mettre la pellicule dans la coiffe !

Deux canards marchent dans le désert de Tingri, l'un derrière l'autre. Soudain, celui de derrière fait un croche-pied à celui de devant, qui en plante son bec dans le sable. Il se relève, impassible, et dit d'une voix nasillarde :
— Je m'en fiche, je sais qui c'est !

Qu'est-ce qui est jaune et qui pèse une tonne ?

■ Chou En-Lai qui a mangé une choucroute !

Un groupe de 256 moines construit un grand monastère dans l'Himachal Pradesh. Ils y vivent dans la joie et la compassion. Mais un jour, à l'extérieur du monastère, un petit point bleu se profile à l'horizon. De loin, ils le voient grandir, puis grandir, grandir, GRANDIR. Ils découvrent finalement que c'est un motard, tout de bleu vêtu, avec un casque bleu, une combinaison bleue, des bottes bleues sur une moto bleue. Au moment précis où il passe devant le monastère, le motard lance une bombe, qui explose et tue la moitié des moines. Mais heureusement, il en reste 128.
Ces 128 moines construisent un nouveau grand monastère dans l'Himachal Pradesh. Ils y vivent dans la joie et la compassion. Mais un jour, à l'extérieur du monastère, un petit point bleu se profile à l'horizon. De loin, ils le voient grandir, puis grandir, grandir, GRANDIR. Ils découvrent finalement que c'est un motard, tout de bleu vêtu, avec un casque bleu, une combinaison bleue, des bottes bleues sur une moto bleue. Au moment précis où il passe devant le monastère, le motard lance une bombe, qui explose et tue la moitié des moines. Mais heureusement, il en reste 64.
Ces 64 moines construisent un nouveau grand monastère dans l'Himachal Pradesh. Ils y vivent dans la joie et la compassion. Mais un jour, à l'extérieur du

monastère, un petit point bleu se profile à l'horizon. De loin, ils le voient grandir, puis grandir, grandir, GRANDIR. Ils découvrent finalement que c'est un motard, tout de bleu vêtu, avec un casque bleu, une combinaison bleue, des bottes bleues sur une moto bleue. Au moment précis où il passe devant le monastère, le motard lance une bombe, qui explose et tue la moitié des moines. Mais heureusement, il en reste 32.

Ces 32 moines construisent un nouveau grand monastère dans l'Himachal Pradesh. Ils y vivent dans la joie et la compassion. Mais un jour, à l'extérieur du monastère, un petit point bleu se profile à l'horizon. De loin, ils le voient grandir, puis grandir, grandir, GRANDIR. Ils découvrent finalement que c'est un motard, tout de bleu vêtu, avec un casque bleu, une combinaison bleue, des bottes bleues sur une moto bleue. Au moment précis où il passe devant le monastère, le motard lance une bombe, qui explose et tue la moitié des moines. Mais heureusement, il en reste 16.

Ces 16 moines construisent un nouveau monastère dans l'Himachal Pradesh. Ils y vivent dans la joie et la compassion. Mais un jour, à l'extérieur du monastère, un petit point bleu se profile à l'horizon. De loin, ils le voient grandir, puis grandir, grandir, GRANDIR. Ils découvrent finalement que c'est un motard, tout de bleu vêtu, avec un casque bleu, une combinaison bleue, des bottes bleues sur une moto bleue. Au moment précis où il passe devant le monastère, le motard lance une bombe, qui explose et tue la moitié des moines. Mais heureusement, il en reste 8.

Ces 8 moines construisent un nouveau monastère dans l'Himachal Pradesh. Ils y vivent dans la joie et la compassion. Mais un jour, à l'extérieur du monastère, un petit point bleu se profile à l'horizon. De loin, ils le voient grandir, puis grandir, grandir, GRANDIR. Ils découvrent finalement que c'est un motard, tout de bleu vêtu, avec un casque bleu, une combinaison bleue, des bottes bleues sur une moto bleue. Au moment précis où il passe devant le monastère, le motard lance une bombe, qui explose et tue la moitié des moines. Mais heureusement, il en reste 4.

Ces 4 moines construisent un nouveau petit monastère dans l'Himachal Pradesh. Ils y vivent dans la joie et la compassion. Mais un jour, à l'extérieur du monastère, un petit point bleu se profile à l'horizon. De loin, ils le voient grandir, puis grandir, grandir, GRANDIR. Ils découvrent finalement que c'est un motard, tout de bleu vêtu, avec un casque bleu, une combinaison bleue, des bottes bleues sur une moto bleue. Au moment précis où il passe devant le monastère, le motard lance une bombe, qui explose et tue la moitié des moines. Heureusement, il en reste 2.

Ces 2 moines construisent un nouveau tout petit monastère en branchages dans l'Himachal Pradesh. Ils y vivent dans la joie et la compassion. Mais un jour, à l'extérieur du monastère, un petit point bleu se profile à l'horizon. De loin, ils le voient grandir, puis grandir, grandir, GRANDIR. Ils découvrent finalement que c'est un motard, tout de bleu vêtu, avec un casque bleu, une combinaison bleue, des bottes bleues sur une moto bleue. Au moment précis où il passe devant le monastère, le motard lance une bombe, qui explose et tue la moitié des moines. Heureusement, il en reste un.
Celui-ci, légèrement agacé par ces provocations répétées, oublie soudain tous ses vœux de non-violence et va chercher sa moto rouge qu'il a garée derrière le tout petit monastère en branchages. Il enfile ses bottes rouges, sa combinaison rouge, ses gants rouges et son casque rouge, et grimpe sur sa moto rouge. Ainsi vêtu, il se lance à la poursuite du motard bleu. Il accélère, encore et encore, mais il n'arrive pas à rattraper la moto bleue.

Moralité : La moto bleue va plus vite que la moto rouge.

Proverbe tibétain :

« Si ton cœur est plein de compassion, que ton esprit est éveillé et ta foi inébranlable, alors tu pourras déplacer des montagnes. Mais entre nous, tu aurais intérêt à commencer tout de suite ! »

— Combien un yack a-t-il de pattes ? demande sa maman à Tsintsin.

— Huit ! répond Tsintsin. Deux devant, deux derrière, deux à droite et deux à gauche !

Deux jeunes Tibétains traversent le désert de Tingri. Ils meurent de soif.
— J'ai un truc infaillible pour lutter contre la soif, déclare Wandgu : il suffit de sucer des cailloux !
— Alors c'est foutu, lui répond Dilgo, car ici il n'y a que du sable à perte de vue.
Désespérés, les deux marcheurs reprennent en silence leur pénible progression sur les dunes.
— Nous serions sauvés si nous trouvions une rivière, s'exclame soudain Dilgo.
— Tu as raison, réfléchit Wandgu : au fond des rivières il y a toujours des cailloux !

« Jésus revient : ayez l'air de travailler ! »

(Sir Clough Mc Gregor.)

Bill Clinton a invité Boris Eltsine pour un voyage officiel de plusieurs jours aux États-Unis. Faisant étape dans la Silicon Valley, le Président américain profite de la présence de son homologue russe pour dévoiler au monde le prototype d'un nouvel ordinateur capable de prédire l'avenir. Pour lui démontrer la puissance de l'appareil, Clinton propose à Eltsine de poser une question à l'ordinateur. Celui-ci s'exécute avec ironie :

— Où en sera la société américaine en 2050 ?

Un informaticien leur lit à haute voix la réponse qui apparaît aussitôt sur l'écran de l'ordinateur : « En 2050, les États-Unis d'Amérique seront communistes. »

Un peu gêné, l'informaticien propose alors au Président américain de poser à son tour une question. Clinton se lance :

— Et où en sera la Russie à la même époque ?

La réponse est aussi rapide à venir, toutefois l'informaticien ne la leur lit pas. Les deux chefs d'État s'impatientent :

— Eh bien ? Alors ? font-ils en chœur.

Et l'informaticien :

— C'est que… je n'arrive pas à lire, c'est écrit en chinois !

Deux canards sont sur une rive du Tsangpo, ils se regardent. Soudain, l'un dit :
— Coin coin !
Et l'autre lui répond :
— Nom d'un bouddha ! J'allais dire la même chose !

Tsintsin a du mal à comprendre l'arithmétique. Son maître essaie de la lui enseigner grâce à des exemples :

— Tsintsin, si tu plonges la main dans ta poche de droite et que tu trouves une pièce de 1 yuan, puis si tu plonges ta main gauche dans ta poche de gauche et que tu trouves un autre yuan, qu'est-ce que tu auras ?

— La toge de quelqu'un d'autre, maître !

Pourquoi y a-t-il toujours un verre d'eau vide et un verre d'eau plein à côté du lit du Dalaï-Lama ?

■ Parce que parfois il a soif, et parfois pas.

Un vieux professeur de l'université de Lhassa raconte qu'un matin, lors d'un examen de fin d'année, deux étudiants en physique arrivèrent très en retard et passablement endormis. Pour se justifier, ils expliquèrent au professeur que leur vélomoteur commun avait eu une crevaison. Incrédule, le professeur leur proposa de remettre l'examen au lendemain matin, ce qu'ils acceptèrent.
Le lendemain, il les fit asseoir dans deux salles différentes. L'examen ne comportait plus qu'une seule question : « Quelle roue ? »

Proverbe tibétain :

« Si la pierre tombe sur l'œuf, gare à l'œuf, mais si l'œuf tombe sur la pierre, gare à l'œuf. »

Dans cette région du Tibet qu'on appelle le « Toit du monde », les monastères sont perchés tout en haut de grands rochers et complètement inaccessibles par des moyens classiques. Pour s'y rendre, il faut monter dans un panier suspendu à une corde tirée par des moines.

Un jour, un touriste occidental, qui se rendait dans un monastère de la vallée du Brahmapoutre, monte dans la nacelle et se fait treuiller. Mais à mi-parcours, pris de vertige, il panique en remarquant que la vieille corde qui tracte la nacelle commence à s'effilocher. Alors, d'une voix tremblante, il s'adresse au moine qui l'accompagne :

— La corde de la nacelle, vous la changez souvent ?

Et le moine lui répond en riant :

— À chaque fois qu'elle casse !

Pourquoi les Chinois ne pratiquent-ils pas le ski nautique ?

■ Parce que chez eux, il n'y a pas de lac en pente !

Une blague très américaine que m'a racontée mon ami Richard Gere. C'est l'histoire d'un New-Yorkais qui arrive en Irlande pour quelques jours de vacances. À l'aéroport de Dublin, il aperçoit une échoppe où l'on vend des crânes humains. Il s'approche et demande au vendeur :
— Qu'ont-ils de spécial, vos crânes ?
— Ce sont les crânes des Irlandais les plus renommés qui aient jamais vécu ! Celui-ci, c'est celui de James Joyce, l'auteur de romans et de pièces de théâtre. Celui-là, c'est celui de Saint Brendan, le navigateur. Celui-là, c'est Michael Collins, le leader de la révolte de 1916, et celui-ci, c'est le plus important de tous : celui de Saint Patrick, le saint patron de L'Irlande. Dieu ait son âme !
— Si c'est vraiment Saint Patrick alors il me le faut ! répond le touriste.
Et il paie à l'Irlandais le prix convenu, soit 500 livres, emportant avec lui le crâne de Saint Patrick.
De retour à New York, il accroche le crâne sur un mur du pub dont il est le tenancier. Très vite, on accourt de tout le pays pour voir de près la relique, et notre homme fait fortune.
Quelques années plus tard, il décide de repartir en voyage en Irlande pour profiter de sa retraite, et, en

arrivant à l'aéroport de Dublin, il reconnaît son vendeur de crânes toujours derrière son étalage.

— Alors, quoi de neuf ? lui demande-t-il.

— Eh bien, je vends les crânes des Irlandais les plus fameux de l'histoire ! lui répond le vendeur. Celui-ci, c'est celui de James Joyce, l'auteur de romans et de pièces de théâtre. Celui-là, c'est celui de Saint Brendan, le navigateur. Celui-là, c'est Michael Collins, le leader de la révolte de 1916, et celui-ci, c'est le plus important de tous : celui de Saint Patrick, le saint patron de L'Irlande. Dieu ait son âme !

— Quoi ? Saint Patrick ? lui lance le New-Yorkais en colère. Mais ce n'est pas possible, il y a sept ans vous m'avez vendu un crâne un peu plus gros que celui-ci en m'affirmant que c'était le véritable crâne de Saint Patrick !

Et le vendeur lui répond :

— Ah oui, je me souviens de vous maintenant ! Mais voyez-vous, ce crâne-ci, c'est celui de Saint Patrick quand il était jeune !

Combien de bouddhistes faut-il pour réparer la lumière ?

■ Aucun : ils ont déjà la lumière.

Deux escargots grimpent avec peine au sommet du Chomolungma. Arrivés en haut, l'un des deux dit :

— Eh bien, on pourra dire qu'on en a bavé !

En rendant son carnet de notes à son maître de Dharma, Tsintsin lui lance :
— Je ne voudrais pas vous tracasser, ô maître, mais hier papa m'a dit que si je n'ai pas de meilleures notes sur mon carnet le mois prochain, « y a quelqu'un qui va se prendre un bon coup de pied quelque part ! »

Un astronome faisait des conférences à travers l'Europe, dans tous les observatoires du continent. Chaque soir il faisait les mêmes observations, racontait les mêmes anecdotes, répondait aux mêmes questions... Si bien qu'un jour il fut las, et proposa à Edgar, son chauffeur, de le remplacer :

— Depuis le temps que vous m'écoutez faire mes conférences, mon cher Edgar, vous connaissez le sujet par cœur. Alors, si vous êtes d'accord, échangeons nos rôles. Dès demain vous ferez la conférence, et moi je conduirai la voiture...

Passionné d'astronomie, Edgar accepta. Et le lendemain, ce fut lui qui donna la conférence. Il décrivit brillamment les constellations et reçut un tonnerre d'applaudissements à la fin de son exposé. Mais vint la traditionnelle séance de questions. Une première main se leva dans l'assistance :

— Qui a découvert Uranus ?

— C'est William Herschel, répondit le chauffeur.

Une autre main :

— Et qui a découvert Pluton ?

— Clyde Tombaugh, répondit le chauffeur.

Du fond de la salle, une troisième question jaillit :

— Pourriez-vous nous exposer les avantages et les inconvénients du modèle d'instabilité par accroissement du disque par rapport à celui de l'instabilité par pulsations, pour ce qui concerne l'explication des explosions des étoiles à cataclysme variable ?

Alors le conférencier en herbe marqua une pause, respira bruyamment et dit :

— Je suis surpris que vous me posiez une question d'une telle simplicité. Pour vous montrer à quel point tout cela est enfantin, je vais laisser mon chauffeur y répondre à ma place !

Une maman moustique avertit ses petits :
— Méfiez-vous des humains, ils sont très dangereux !
Et l'un d'eux lui répond :
— Mais non maman, ils m'applaudissent !

Un moine bouddhiste se rend chez le dentiste pour un examen. Le dentiste trouve une carie et annonce au moine qu'il va devoir creuser la dent.
— Voulez-vous quelque chose pour la douleur ? demande-t-il à son patient.
Et le moine lui répond :
— Non merci. Je pratique la médication transcendentale !

À quoi reconnaît-on un Chinois dans un groupe de charmeurs de serpents ?

■ C'est le seul qui souffle dans le serpent !

Combien faut-il d'Indiens pour changer une ampoule ?

■ 4 436. Un qui tient l'ampoule et 4 435 qui tournent le plafond !

Et combien faut-il de Chinois ?

■ Trois. Deux pour changer l'ampoule, et un pour éliminer les témoins !

Dans les rues de Shigatsé, une maman promène un landau. Une passante s'approche, le regarde et dit :

— Quel magnifique bébé ! Le portrait craché de Bouddha !

Puis elle se ravise et s'écrie :

— Oh ! Mais ce n'est pas un bébé, c'est un poupon en plastique !

Et la mère lui répond :

— Vous ne pensez quand même pas qu'avec le temps qu'il fait j'allais sortir le vrai !

Tsintsin raconte à Gendun sa chasse au yeti :
— Je suis dans la vallée de Shangri-La, quand soudain je vois le yeti. J'épaule, je tire, mais je le rate ! Alors le yeti me voit et il me court après !
— Nom d'un bouddha ! Et alors ? Il te rattrape et il te dévore ?
— Mais non ! Je cours, je cours, je vois un arbre et je monte à l'arbre. Mais le yeti s'approche et commence à agiter l'arbre…
— Nom d'un bouddha ! Et alors ? Tu tombes de l'arbre et il te dévore ?
— Non, attends ! À ce moment-là, je monte tout en haut de l'arbre, mais le yeti arrive à y monter aussi…
— Nom d'un bouddha ! Et alors ? Il te rattrape et il te dévore ?
— Mais attends, je te dis ! Il y a une grosse branche : je rampe sur la branche pour m'éloigner du tronc, mais le yeti rampe aussi !
— Nom d'un bouddha ! Et alors ? Il te rattrape et il te dévore ?
— Dis-moi, Gendun : es-tu avec moi ou avec le yeti ?

Trois moines tibétains se sont retirés pour méditer dans une grotte. Au bout de deux ans, un cheval sauvage entre dans la grotte et en ressort aussitôt. Deux ans plus tard, le premier moine dit :

— Quel beau cheval blanc !

Quatre ans plus tard, le second moine dit :

— D'abord il n'était pas blanc, il était gris…

Six ans plus tard, le troisième moine dit :

— Puisque vous ne faites que vous disputer, je m'en vais !

Jaloux des exploits astronautiques des Américains et des Russes, le gouvernement chinois a décidé d'envoyer un vaisseau se poser sur le Soleil. Lorsqu'on leur a dit que c'était impossible à cause de la chaleur, ils ont répondu qu'ils iraient quand même, mais de nuit !

Deux vaches broutent tendrement dans les verts prés du plateau du Jangtang. Soudain, l'une d'elles voit passer dans le ciel un petit éléphant qui vole, mais elle n'ose rien dire. Quelques minutes plus tard, elle aperçoit deux autres petits éléphants volant dans le ciel et commence à s'inquiéter. Alors elle dit à son amie :
— J'aurais dû faire attention avant de manger tous ces champignons : je viens de voir plusieurs éléphants qui volaient !
Et l'autre la rassure :
— Ne t'inquiète pas, je viens souvent ici : il doit y avoir un nid pas loin !

Bill et Hilary Clinton sont en train de feuilleter un vieil album de photos. Hilary s'arrête sur l'une d'elles et dit :

— Te souviens-tu de John, mon ex-fiancé ?

— Oui, bien sûr.

— Je l'ai vu l'autre fois, il est devenu pompiste.

Bill éclate alors d'un rire énorme.

— Qu'y a-t-il, Bill ? demande Hilary.

— Quand je pense que tu as failli te marier à un pompiste !

— Non Bill, c'est lui qui a failli être président...

Deux moines se promènent tranquillement dans la vallée du fleuve Makang, observant avec compassion et sagesse la généreuse nature qui les entoure. Tout à coup, l'un des deux se retourne brusquement et écrase avec sa tongue un escargot. L'autre moine lui dit aussitôt :

— Es-tu devenu fou, mon frère ? Tu sais bien que c'est contraire aux principes bouddhistes d'ôter la vie à toute créature incarnée !

— Certes, mon frère, certes. Mais c'était louche, cet escargot nous suivait depuis au moins une demi-heure !

Dans la salle d'attente de la maternité de Yungning, Trisong tourne comme un lion en cage, car sa femme est en train d'accoucher. Au bout de quatre heures d'une fébrile attente arrive Lungtog, qui semble lui aussi assez fébrile. Les deux hommes attendent encore quatre heures dans l'angoisse.

Soudain, une infirmière arrive et lance à Lungtog :

— Félicitations ! Vous êtes le père d'un très beau petit garçon !

Alors Trisong s'interpose :

— Excusez-moi, mademoiselle, mais j'étais là avant !

Proverbe tibétain :

« Qui urine loin ménage ses tongues ! »

Un Chinois s'est perdu à New York et appelle son ambassade.

— Est-ce que vous pouvez m'aider ? Je crois que je me suis perdu !

— Certainement, monsieur. Où vous trouvez-vous ?

— Je suis à l'angle de la rue « Walk » et de la rue « Don't Walk » !

L'histoire se passe pendant la séance du conseil municipal d'une petite ville russe où l'on discute chaque mercredi des affaires de la ville, de l'avenir de l'humanité et du communisme en général. À la fin de la séance, le camarade président se lève :

— Camarades, y a-t-il des questions ?

Une main se dresse : c'est le camarade Popov.

— Camarade président, j'ai deux questions. Premièrement : pourquoi les automobiles sont-elles si chères chez nous ? Deuxièmement : pourquoi ne trouve-t-on plus de beurre dans les magasins ?

— Tes deux questions sont fondamentales, camarade Popov. Le comité va y réfléchir et t'apportera une réponse mercredi prochain !

Le mercredi suivant, à la fin de la séance, le camarade président se lève :

— Camarades, y a-t-il des questions ?

Une main se dresse : c'est le camarade Souslov.

— Camarade président, j'ai trois questions. Premièrement : pourquoi les automobiles sont-elles si chères chez nous ? Deuxièmement : pourquoi ne trouve-t-on plus de beurre dans les magasins ? Troisièmement : où est passé le camarade Popov ?

Deux explorateurs chinois se promènent dans la jungle du Terai. Soudain, ils se trouvent face à un tigre.

— J'ai peur ! fait l'un d'eux en claquant des dents.

— Du calme ! répond l'autre. Il n'y a rien à craindre : notre manuel d'instruction dit qu'il suffit de le regarder droit dans les yeux pour qu'il fasse demi-tour et s'en aille.

— Très bien ! fait le premier. Mais qu'est-ce qui me prouve que ce tigre a lu le manuel ?

Un Tibétain rend visite à l'un de ses amis chinois qui vient juste d'être papa. Le Tibétain, voyant le nourrisson dans son landau, tombe en admiration.

— Comme il est beau et serein ! Quel âge a-t-il ?

— Quinze jours, répond le Chinois.

— Et comment s'appelle-t-il ?

— Nous n'en savons rien : il ne parle pas encore !

L'éclairé et le sot font un jeu : chacun pose des énigmes à l'autre. Si le sot ne sait pas répondre, il doit payer 1 yuan ; si c'est l'éclairé qui ne sait pas répondre, il doit payer 100 yuans. L'éclairé commence :

— Qu'est-ce qui a quatre pattes et qui miaule ?

— Je ne sais pas, fait le sot. Tiens, voilà 1 yuan !

— Qu'est-ce qui a quatre pattes et qui aboie ?

— Je ne sais pas, fait le sot. Tiens, voilà 1 autre yuan !

— Allez, à ton tour de me poser une question ! dit l'éclairé.

— Qu'est-ce qui a huit pattes le matin et quatre le soir ?

L'éclairé réfléchit, réfléchit, réfléchit… Il cherche la solution pendant une heure mais ne trouve pas. Alors il donne sa langue au chat :

— Je ne sais pas. Tiens voilà 100 yuans. Alors, quelle était la réponse ?

— Je ne sais pas. Tiens, voilà 1 yuan !

Du temps où l'on expédiait encore des télégrammes, un brave shitzu entra dans un bureau de poste à Dharamsala, prit un formulaire avec ses pattes de devant et le remplit ainsi : « Woof.. woof.. woof.. woof.. woof.. woof.. woof.. woof... woof ! » L'employé des postes, un peu surpris, prit le télégramme en main et dit au chien :

— Il y a seulement neuf mots. Si vous le souhaitez vous pouvez envoyer un autre « Woof » pour le même prix...

— Non, répondit le chien. À ce moment-là, ça ne voudrait plus rien dire !

Dans les verts pâturages himalayens, une bouse de vache essaie de lier conversation avec une pomme qui se balance sur sa branche au gré du vent joyeux :
— Bonjour petite pomme ! Tu es jolie, tu sais ! Comment t'appelles-tu ?
Mais la pomme rouge et luisante ne l'entend pas de cette oreille. Méprisante et hautaine, elle ne répond même pas à ce vulgaire étron qui a osé lui adresser la parole. Si elle le pouvait, elle hausserait bien les épaules.
Un peu plus tard un berger passe. Il évite la bouse mais découvre la pomme. Souriant, il s'en saisit, la frotte contre son gilet et l'engloutit.
Alors la bouse dit gentiment :
— Au revoir petite pomme ! À très bientôt !

Pourquoi Mao Tsé-Toung portait-il des bretelles rouges ?

■ Pour tenir son pantalon !

Un Tibétain en exil en Inde décide de rentrer au pays. Il se présente à la douane chinoise, tenant en laisse un éléphant avec un grand toast collé sur chaque oreille.

— Quelque chose à déclarer ? lui lance le douanier.

— Non, rien de particulier !

— Et ça ? fait le douanier en montrant l'éléphant.

— Eh bien quoi ? On ne peut plus mettre ce qu'on veut dans son sandwich ?

La scène se passe dans un restaurant de Lhassa. Un bonze est attablé et déguste un potage au tofu, quand soudain il s'écrie :
— Garçon ! Il y a une mouche morte dans mon potage !
Catastrophé, le garçon s'approche en brandissant une paille et lui dit :
— Écartez-vous, mon maître, je vais tenter de la réanimer !

Qu'est-ce qui arrive sec, repart chaud et humide, et procure à l'homme un apaisement certain et une infinie satisfaction ?

■ Un sachet de thé.

Un jeune élève kagyu pratique la méditation analytique pour la première fois. En silence, il s'adresse intérieurement au Bouddha Shakyamuni :

— Le matin, je ne mange pas car je pense à toi. À midi, je ne mange pas car je pense à toi. Le soir, je ne mange pas car je pense à toi. La nuit, je ne dors pas… car j'ai faim !

— J'ai une bonne et une mauvaise nouvelle à t'annoncer, dit Tsintsin à son ami Lhamo.
— Commence par la mauvaise, répond Lhamo.
Et Tsintsin réplique :
— Je ne me souviens plus de la bonne !

Une blague que m'a racontée un représentant de l'ONU : « Quand un diplomate dit oui, cela veut dire peut-être. Quand il dit peut-être, cela veut dire non. Et quand il dit non, ce n'est pas un diplomate ! »

Tsintsin vient de recevoir des clochettes à musique comme cadeau d'anniversaire. Tandis que son papa est en train de réciter ses mantras, Tsintsin commence à en jouer. Mais le chien de la maison se met aussitôt à faire le loup et à accompagner bruyamment Tsintsin. Alors le papa de Tsintsin se lève et dit à son fils :

— Tu ne pourrais pas jouer un morceau que le chien ne connaît pas ?

Lors d'un dîner mondain, un Chinois un peu vaniteux racontait son tour du monde en citant nombre de pays où il s'était rendu : la Russie, la France, l'Anatolie, le Pakistan, l'Andalousie, le Mexique…

— Vous devez très bien connaître la géographie, lui lança l'un des convives.

— Oh oui ! répondit le Chinois. J'ai passé quatre jours en Géographie !

Deux jeunes moines circulent à scooter dans les rues de Dharamsala. Un policier les arrête :

— Il est interdit de circuler avec un passager à l'arrière sur ce type d'engin, lance-t-il au conducteur. Je dois verbaliser !

— Faites ce qui vous plaira, répond le conducteur. De toute façon, Bouddha est avec nous !

— Dans ce cas, je vais verbaliser pour transport de deux passagers à l'arrière !

Trois Chinois s'en vont en voyage dans le désert. Le premier emporte de l'eau. Les deux autres lui demandent pourquoi.

— Pour boire ! répond-il.

Le deuxième prend de la nourriture. Les deux autres lui demandent pourquoi.

— Pour manger ! répond-il.

Le troisième emporte une portière d'auto. Les deux autres lui demandent pourquoi, et il répond :

— Pour ouvrir la fenêtre si nous avons trop chaud !

Dans une salle de cinéma de New Dehli, un shitzu est assis à côté de son maître. À chaque scène comique du film, tous les deux rient à gorge déployée. À la fin de la séance, un homme s'approche et dit au maître :

— C'est stupéfiant ! Votre chien a ri au même endroit que nous autres ! Je suis vraiment étonné !

Et le maître lui répond :

— Moi aussi je suis surpris, car il n'avait pas aimé le livre !

En redescendant du sommet du Chomolungma, trois aventuriers épuisés de fatigue arrivent dans un hôtel de Shigatsé.

— Hélas, leur dit le réceptionniste, il ne me reste que trois chambres : la « chambre à clous », la « chambre à moustiques » et la « chambre à fourmis ».

Le plus brave des trois décide de prendre la première chambre. Faute de mieux, les deux autres prennent les deux chambres restantes.

Le lendemain matin, celui qui avait choisi la chambre à clous en sort le corps plein de trous. Mais il se console en voyant arriver celui qui était dans la chambre à moustiques et dont le corps est meurtri de piqûres. Nos deux compères s'attendent au pire en guettant le troisième aventurier. Mais celui-ci arrive en sifflotant, et ils découvrent qu'il n'a rien.

— Les fourmis ne t'ont pas attaqué ? lui lancent-ils.

Et il leur répond fièrement :

— Quand je suis arrivé dans la chambre, elle était infestée de fourmis. Mais j'en avais à peine écrasé une que toutes les autres sont parties à son enterrement !

« C'est bien agréable d'être important, mais c'est bien plus important d'être agréable. »

(Wong Tu-Meng.)

Deux mamans kangourous discutent. Soudain le temps se gâte.

— Quelle guigne, il va encore pleuvoir ! fait l'une.

— Et alors ? dit l'autre.

— Eh bien je n'aime pas quand les enfants jouent à l'intérieur !

À l'heure où la lumière de l'aube filtre à travers les feuilles de l'arbre, un lama qui méditait paisiblement aperçoit un autre lama assis en tailleur à son côté, avec une banane dans l'oreille. Il s'approche alors avec compassion de son frère et lui chuchote :
— Dis-moi Geshé, ne serait-ce pas une banane, ce fruit précieux, que tu as là enfoncée dans l'oreille ?
— Comment ? répond le lama.
— Je te demande, ô Geshé, si ce n'est pas une banane que…
Le lama l'interrompt :
— Parle plus fort, Geshé, car je ne t'entends pas : j'ai une banane enfoncée dans l'oreille !

Tsintsin vient de voler un coq et commence à le plumer. Soudain un bonze s'approche. Paniqué, Tsintsin jette le coq dans l'eau de la rivière.

— Tu as volé un coq, Tsintsin ! lui lance le bonze. Que fait ce tas de plumes à tes pieds ?

— Je n'ai rien fait de mal, mon maître ! répond Tsintsin. Ce coq voulait aller se baigner et il m'a demandé de lui garder ses affaires !

Deux Chinois veulent s'évader d'un asile. Le premier dit à l'autre :

— Va voir au fond du jardin : si le mur est bas, nous passerons par-dessus et si le mur est haut nous passerons par-dessous.

Le deuxième s'exécute et revient quelques minutes plus tard en disant :

— On ne peut pas s'évader : il n'y a pas de mur !

Le petit Gendun interroge son maître de Dharma :

— Dis-moi, grand sage, y a-t-il des habitants sur la Lune ?

— Non Gendun, il n'y a personne sur la Lune !

— Ça m'étonnerait, grand sage !

— Ah ? Et pourquoi donc ?

— Parce qu'elle est toujours allumée !

Le zoo de New Delhi a découvert le moyen d'augmenter le nombre de ses visiteurs : en effet, dans une des cages du zoo, les gardiens ont réussi à faire cohabiter un loup et un mouton. Devant la cage, un visiteur s'adresse à ses enfants :

— Regardez ceci, n'est-ce pas formidable ? C'est quelque chose d'incroyable et de contraire aux lois de la nature : un loup qui vit en permanence avec un mouton dans une même cage !

Mais à côté d'eux, un gardien a tout entendu et ajoute :

— Oui, enfin, il faut quand même changer de mouton tous les jours !

Jésus-Christ est en train de marcher sur les eaux du lac de Tibériade. Pierre est à son côté, et nage joyeusement. Soudain il lui lance :

— Tu as tort, Jésus, parce qu'elle est vraiment bonne !

Qu'est-ce qui est vert et qui pend des arbres sur les hauts plateaux himalayens ?

■ De la morve de yeti.

— Peux-tu me donner la définition de l'eau ? demande son professeur à Sogyal.
— Bien sûr ! répond-il. C'est un liquide transparent qui devient sale lorsqu'on met ses mains dedans !

Un paresseux crocodile croise un jour un brave shitzu. Il lui lance d'un air hautain :
— Salut à toi, sac à puces !
Et le chien lui répond :
— Salut à toi, sac à main !

Moralité : Méfie-toi de celui que tu moques, car tu es sans doute pire que lui.

Deux dames discutent dans une pharmacie de Darjeeling.

— Comment allez-vous ?

— Très bien, et vous-même ?

— On ne peut mieux ! Et comment se porte votre dernier-né ?

— À merveille ! Il marche depuis deux mois.

— Ah oui ? Alors il doit être déjà au sommet du Chomolungma !

Le maître explique que l'oxygène a été découvert au XVIIIe siècle.
— Mais alors, demande Tsintsin, comment faisaient-ils avant ?

Un homme vert se fait renverser par une voiture verte sur une route verte. Une ambulance verte est appelée. Deux infirmiers verts en sortent et mettent l'homme vert sur une civière verte. Ils arrivent dans un hôpital vert et emmènent l'homme vert dans une salle d'opération verte. Trois chirurgiens verts commencent à opérer l'homme vert avec des scalpels verts, aidés par des infirmières habillées en vert. Soudain, un homme rouge entre dans la pièce et dit :

— Oh ! Excusez-moi !

Un jeune moine s'adresse au Panchen Lama :
— Maître, on a calculé que j'avais un quotient intellectuel de 52. Je ne comprends vraiment pas pourquoi…
— C'est normal que vous ne compreniez pas ! répond le Panchen Lama.

Un moine aveugle et son chien entrent dans un magasin du centre-ville de Dharamsala. Soudain, entre deux rayons, il empoigne la laisse de son chien et fait tournoyer l'animal dans les airs tout autour de lui. Étonné, le vendeur arrive et lui demande :

— Puis-je vous renseigner ?

— Non, non ! répond l'aveugle. Je jette juste un coup d'œil !

— Qu'avez-vous fait en classe aujourd'hui ? demande Tsering à ses deux petites filles.
La plus jeune lui répond :
— La maîtresse nous a lu un conte, *Le Petit Chaperon rouge*.
— Et quelle est la morale de l'histoire ? demande Tsering.
— Qu'il faut bien se rappeler à quoi ressemble exactement sa grand-mère !

Deux amis japonais se rencontrent un matin dans les rues de Tokyo et se mettent à discuter :

— Alors tes vacances, comment était-ce ?

— Je ne sais pas, je n'ai pas encore fait développer les photos !

Un jeune moine qui pratiquait très sérieusement son Dharma rencontra un jour une difficulté incompréhensible. Il décida d'aller exposer son problème à son maître, mais celui-ci se mit à rire sans pouvoir s'arrêter.
Très préoccupé par cette réaction, le jeune moine ne put manger, dormir ou même penser normalement pendant trois jours et trois nuits. Il retourna voir son maître et lui confia dans quel trouble son attitude l'avait plongé. Le maître l'écouta longuement puis finit par lui dire :
— Sais-tu quel est ton problème, jeune moine ? Tu es plus mauvais qu'un clown.
— Plus mauvais qu'un clown ? Ô mon vénérable, comment pouvez-vous dire une chose pareille ?
— Oui, tu es plus mauvais qu'un clown, car un clown apprécie de voir les autres rire !

Pourquoi le yeti a-t-il de grosses narines ?

■ Parce qu'il a de gros doigts !

Un fou entend une horloge sonner trois coups. Il dit :

— Je sais qu'il est une heure, inutile de me le répéter trois fois !

Un Chinois traverse en carriole un paisible village rural près de Lhitang. Roulant à vive allure, il ne peut éviter une poule qui traverse la route : c'est le drame. Le Chinois ramasse la dépouille de la volaille et se présente à la ferme la plus proche.
— C'est à vous, cette poule ? demande-t-il.
— Ah non ! répond le fermier. Les miennes ne sont pas aussi plates !

— Combien de temps met cet avion pour aller de New York à Pékin ?

— Deux petites secondes, monsieur !

— Ah, bien. Merci !

Tsintsin rentre chez lui après sa première journée à l'école. Sa maman lui dit :

— Alors, Tsintsin, as-tu appris beaucoup de choses aujourd'hui ?

Et Tsintsin répond :

— Pas assez, en tout cas. Ils veulent que j'y retourne demain !

Dans un quartier commerçant de Pékin, le patron d'un magasin de vêtements voit s'installer avec inquiétude un magasin concurrent juste à côté du sien. Bien vite, le nouveau venu affiche un immense bandeau sur sa vitrine avec cette inscription : « Ici les meilleurs prix ».
Mais quelques jours plus tard, un autre concurrent s'installe juste de l'autre côté de son magasin, et lui aussi accroche une grande bannière sur sa devanture. On peut y lire : « Ici les meilleures affaires ».
Notre homme panique pendant quelques jours, car il a peur de perdre sa clientèle. Fort heureusement, il lui vient une idée ingénieuse. Sur sa vitrine, il affiche une pancarte avec l'inscription : « Entrée principale ».

Proverbe tibétain :

« Ce ne sont pas les girouettes qui tournent, c'est le vent. »

Combien faut-il d'étudiants bouddhistes pour changer une ampoule ?

■ Deux. Un pour la changer et un autre pour ne pas le faire.

Combien faut-il de philosophes madhyamika pour changer une ampoule ?

■ Quatre. Un pour la changer et un autre pour ne pas le faire. Un pour la changer ET ne pas la changer, et un dernier pour NE PAS la changer et NE PAS ne pas la changer !

Deux petits moineaux pleins de joie sont perchés sur un fil télégraphique. Soudain, l'un d'eux fait :

— Hi ! Hi ! Hi ! Hi !

— Qu'est-ce qui t'arrive ? dit l'autre. Je n'ai rien dit de drôle !

— Non, c'est un télégramme qui me chatouille !

Tsintsin se confie à son ami Gendun :
— Ma mère pense que je suis fou parce que j'aime les rouleaux de printemps.
— Ça n'a rien d'anormal, répond Gendun. Moi aussi j'aime les rouleaux de printemps !
Alors Tsintsin lui dit :
— Vraiment ? Alors tu devrais venir voir ma collection : j'en ai bien une centaine en ce moment !

Deux Chinois en voiture s'arrêtent à un feu rouge. Le feu passe au vert et le passager dit au conducteur :

— C'est vert !

Et l'autre répond :

— Je ne sais pas, une grenouille ?

Un grand-père et sa petite-fille sont assis sur un banc au bord du lac Nam Tso Chukmo. La petite fille demande :

— Dis-moi, grand père plein de bonté, ce sont les dieux qui t'ont créé ?

— Oui mon enfant, on peut dire les choses comme cela…

Quelques minutes passent, puis la petite fille interroge à nouveau son aïeul.

— Grand-père plein de bonté, ce sont les dieux qui m'ont créée moi aussi ?

— Mais oui, parfaitement ! répond le grand-père.

Alors la petite fille l'observe bien de haut en bas pendant un long moment, puis elle regarde soigneusement son propre reflet dans l'eau du lac Nam Tso Chukmo. Finalement, elle se retourne vers son aïeul :

— Tu sais, grand-père plein de bonté, j'ai l'impression que les dieux font du bien meilleur travail ces temps-ci !

Proverbe tibétain :

« Qui frappe sa tête contre une cruche et obtient un son creux ne doit pas en déduire que c'est la cruche qui est vide. »

Dans une rue de Dharamsala, un moine passe devant une maison et remarque un jeune bambin, visiblement trop petit pour atteindre la cloche de l'entrée. Il s'approche un peu et décide de l'aider à se hisser à la bonne hauteur. À la force de ses bras, il soulève le garçonnet jusqu'au niveau de la cloche.

— Maintenant je peux sonner ? demande le bambin.

Le moine acquiesce, et l'enfant agite la cloche qui tinte dans le silence du soir. Le moine le repose alors au sol et, souriant avec bienveillance, interroge l'enfant :

— Et alors ? Maintenant ?

Le bambin lui répond :

— Eh bien maintenant, on se sauve en courant !

Qu'a dit Benjamin Franklin lorsqu'il a découvert l'électricité ?

■ Ouch !

Un éléphant et une souris font une course dans le désert. Soudain, la souris s'arrête, se retourne et dit à l'éléphant :

— C'est fou ce qu'on fait comme poussière tous les deux !

Savez-vous pourquoi on reconnaît facilement un bouddhiste qui achète un hot-dog à un vendeur ambulant ?

■ Parce qu'il demande toujours la même chose : un avec tout !

C'est l'histoire d'un parachutiste débutant qui doit faire son premier saut. Comme il est un peu inquiet, son instructeur lui donne une astuce :

— Si quelque chose ne va pas, dites simplement « Bouddha ô Bouddha », et vous serez sauvé !

Rassuré, le parachutiste saute. Mais une fois dans le ciel, l'angoisse monte et il est si effrayé qu'il oublie de tirer sur la corde pour ouvrir son équipement. Heureusement, il se souvient de la phrase magique et dit :

— « Bouddha ô Bouddha »...

Soudain, une main géante sort du néant pour le sauver.

Éberlué, le parachutiste s'exclame :

— Merci mon Dieu !

Et la main le laisse tomber...

« Tous les bouddhistes chinois sont strictement végétariens. La plupart d'entre eux préfèrent néanmoins accommoder leurs légumes de bœuf, porc, canard ou poulet ».

(Lin Yu Tang.)

Un microbe rencontre un autre microbe qui grelotte et claque des dents, malgré une écharpe en laine.

— Qu'est-ce qui t'arrive ? lui dit-il.

— J'ai attrapé une aspirine !

Une ravissante jeune femme blonde embarque dans un avion pour New York avec un billet pour la classe économique. Découvrant que les sièges de la classe affaires ont l'air plus larges et plus confortables, elle s'installe en classe affaires, sur le dernier siège encore disponible. Mais un steward s'approche d'elle, vérifie son billet et l'informe que son siège est en classe économique. La blonde lui répond :

— Je suis jeune, blonde et ravissante, et je vais m'asseoir ici durant tout le trajet jusqu'à New York !

Agacé, le steward se rend dans le cockpit et informe le commandant de bord qu'il y a un problème avec une jeune femme blonde. Le commandant de bord va voir la passagère et l'informe à son tour que le siège qui lui est réservé se trouve en classe économique, l'invitant à aller s'y installer sur-le-champ. À nouveau, la blonde répond :

— Je suis jeune, blonde et ravissante, et je vais m'asseoir ici durant tout le trajet jusqu'à New York !

Ne souhaitant pas envenimer la situation, le commandant de bord s'en retourne dans le cockpit et explique le problème à son copilote. Celui-ci lui propose de prendre les choses en main car il croit savoir comment faire. Il va à son tour trouver la passagère et lui chuchote quelque chose à l'oreille. Immédiatement, elle se lève et dit :

— Merci infiniment !

Puis elle se précipite en classe économique et s'installe sur son siège. Voyant cela, le steward et le commandant de bord demandent au copilote ce qu'il a dit à la jeune femme pour la décider. Et il répond :

— Je lui ai juste dit que la classe affaires n'allait pas jusqu'à New York !

Qu'est-ce qu'un bouddhiste pratiquant offre à un autre bouddhiste pour son anniversaire ?

■ Rien.

Ce à quoi l'autre répond le plus souvent :
— Merci, fallait pas.

Sur une petite île perdue en mer de Chine, un homme barbu agite désespérément les bras en direction d'un bateau. Un passager l'aperçoit depuis le pont et demande au capitaine :

— Qui est cet homme ?

— Aucune idée, répond le capitaine. Nous passons tous les ans devant son île et à chaque fois ça le rend fou !

Une bouddhiste américaine raconte :

— J'étais végétarienne depuis environ cinq ans. Je fus invitée chez ma mère pour le repas de Noël, et celle-ci était très contrariée que je refuse de manger la dinde qu'elle avait préparée pendant des heures pour sa famille. Finalement, j'ai éprouvé plus de compassion pour ma mère que pour la dinde, et j'ai mangé la dinde !

Quelle est la différence entre un livre de prières et un chat ?

■ Tous les deux sont en papier, sauf le chat.

Le professeur demande à Tsintsin :
— Tsintsin, voudrais-tu aller au tableau, nous montrer sur la carte géographique où se situe l'Amérique ?
Tsintsin va au tableau et pointe du doigt l'Amérique.
Le professeur enchaîne :
— Maintenant que vous savez tous où se trouve l'Amérique, pourriez-vous me dire qui l'a découverte ?
Alors toute la classe en chœur :
— C'est Tsintsin !

« Béni soit celui qui trouve la joie dans sa propre bêtise, car il sera toujours joyeux ! »

(Chade Meng.)

Un ver de terre sort de son trou et aperçoit un autre ver de terre à son côté. Il engage la conversation :

— Beau temps, n'est-ce pas ?

Mais l'autre ver de terre ne répond pas. Un peu surpris, le premier poursuit :

— Espérons qu'il ne se mettra pas à pleuvoir !

Mais l'autre ver de terre ne répond toujours pas. Alors il continue :

— Remarquez, c'est vrai qu'on n'a pas trop à se plaindre cette année…

Mais l'autre ver de terre reste désespérément muet. Alors le premier ver de terre rentre dans son trou en grommelant :

— J'ai encore parlé à ma queue !

« Si les cannibales ne mangent pas les clowns, c'est uniquement parce que leur goût est trop drôle ».

(Sir Clough Mc Gregor.)

À l'occasion d'une collecte pour les déshérités, un professeur du monastère de Bylakuppe reçoit une demande écrite officielle émanant d'une organisation humanitaire. Au nom de sa classe, il y répond par cette lettre :

Chers amis,
Nous aimerions sincèrement offrir quelque chose pour vous aider. Mais, voyez-vous, nous sommes bouddhistes. Par conséquent, dans notre classe nous n'avons… rien !

À quoi reconnaît-on que le yeti est venu se servir dans le frigo ?

■ Il a laissé une trace de patte dans le beurre.

Au début des années soixante-dix, trois hommes se retrouvent enfermés ensemble dans le cachot sombre et inconfortable d'une prison d'État de la Chine communiste. Au bout d'un moment, l'un d'entre eux lance à un autre :
— Et toi, pourquoi es-tu là ?
L'autre répond :
— Moi ? Ça fait dix ans que je suis là. C'est parce que j'ai apporté mon soutien à Deng Xiaoping.
— Quelle ironie du sort ! répond le premier. Moi ça fait deux ans que je suis en prison parce que j'étais un opposant à Deng Xiaoping !
Puis il se tourne vers le troisième prisonnier et lui lance :
— Et toi ? Qu'est-ce que tu as fait pour être ici ?
Et l'homme lui répond :
— Je suis Deng Xiaoping.

À mesure que Buddhadasa Bhikkhu devenait célèbre, des autocars pleins de touristes commençaient à venir visiter son monastère. Décrivant cette foule qui venait là comme s'il s'agissait de découvrir un nouveau parc d'attraction, il dit :

— Parfois, je pense que ces gens s'intéressent réellement à notre sagesse, mais je réalise aussitôt que la plupart d'entre eux s'arrêtent ici essentiellement parce qu'ils ont besoin d'utiliser les toilettes !

Le disciple dit à son maître :
— Ô Grand Précieux, ô toi, « Celui-qui-sait », montre-moi l'endroit où est la paix parfaite…
Et le maître lui répond :
— Si je te le montre, la paix n'y sera plus jamais parfaite !

Deux moines bouddhistes avaient bu chacun treize bières. L'un des deux habitait loin de là. L'autre lui dit :

— Ça va aller, pour marcher jusqu'à chez toi ?

Et le premier répondit :

— Ne t'en fais pas, je prendrai le Grand Véhicule* !

*Ou « Mahayana » : la voie des bouddhistes qui cherchent à atteindre l'illumination pour le bien de tous les êtres.

Que vient acheter dans une pharmacie la coccinelle bienveillante et pleine de compassion ?

■ Un médicament contre les points noirs.

Trois moines avaient décidé de pratiquer la méditation ensemble. Ils s'installèrent au bord d'un lac puis se concentrèrent en fermant les yeux. Soudain, le premier se releva brusquement et dit :

— J'ai oublié ma natte !

Puis il s'avança sur le lac et marcha miraculeusement à la surface de l'eau sans couler, le traversant ainsi jusqu'à l'autre rive où se trouvait le monastère. Lorsqu'il revint s'asseoir, le second moine se leva brusquement et dit :

— J'ai oublié de mettre mes sous-vêtements à sécher !

Et à son tour il s'avança sur le lac, marchant calmement à la surface de l'eau sans couler, le traversant ainsi jusqu'à l'autre rive, puis revenant s'asseoir près des deux autres.

Les ayant bien observés, le troisième moine décida qu'il était temps de tester ses propres capacités.

— Votre savoir n'est pas supérieur au mien ! Je peux faire ce que vous faites ! dit-il fièrement.

Il se précipita vers le lac à son tour, dans l'espoir lui aussi de marcher à la surface de l'eau. Mais il s'enfonça et coula aussitôt, manquant de se noyer. Intrépide, il se hissa hors de l'eau pour essayer à nouveau… en vain. À chaque fois, il coulait dans les profondeurs sous les yeux des deux autres moines amusés. Finalement, au bout d'un moment, l'un d'eux dit à l'autre :

— Ne crois-tu pas qu'à présent nous devrions lui dire où se trouvent les pierres ?

« Les choses ne sont pas ce qu'elles paraissent, mais elles ne sont pas autrement non plus. »

(*Lankavatara Sutra.*)

« Le nirvana est exactement comme là où vous êtes actuellement, sauf que c'est beaucoup mieux ».

(Richard Gere.)

Venue en Inde pour étudier auprès de son maître, une jeune bouddhiste occidentale circulait un jour dans les rues de Delhi sur un rickshaw*. Pour tout bagage, elle avait un parapluie. Soudain, elle fut attaquée par un homme très agressif, qui ne lui causa finalement qu'une belle frayeur. Troublée par cet événement, la jeune femme en parla à son maître, souhaitant connaître la réponse la mieux appropriée (ce qu'elle aurait dû faire en tant que bouddhiste face à cette situation). Alors très simplement, son maître lui dit :

— Vous auriez dû, en pleine conscience et avec une grande compassion, lui mettre un grand coup de parapluie sur la tête !

* Taxi-bicyclette très répandu en Inde.

Qu'est-ce qui est vert et qui vole au-dessus de la Pologne ?

■ Peter Panski.

On raconte que dans l'ancien village de Shol, au pied du Potala, il y avait un père de famille si radin qu'il disait régulièrement à ses enfants :

— Si vous êtes gentils, ce soir, je vous montrerai la photo de quelqu'un qui mange une glace !

« Seules deux choses sont infinies : l'univers et la stupidité humaine. Et je ne sais plus laquelle était là en premier… »

(Albert Einstein.)

Pourquoi l'hippopotame a-t-il des pattes rondes ?

■ Pour pouvoir sauter gracieusement de nénuphar en nénuphar !

Deux pèlerins marchent dans le désert de Tingri. Par le plus grand des hasards, ils se retrouvent face à face. Le premier porte une cabine téléphonique sur son dos, et le second une enclume.

— Pourquoi portes-tu une cabine téléphonique sur ton dos ? fait l'un.

— Si un lion arrive, je me cacherai dedans ! répond l'autre. Et toi, pourquoi portes-tu une enclume ?

— Si un lion arrive, je la lâcherai et je courrai deux fois plus vite !

« Vivre ta vie est une tâche très difficile. C'est pourquoi personne d'autre ne s'y est risqué auparavant ! »

(Dong Syghol.)

Savez-vous comment faire tenir le yeti dans un réfrigérateur ?

■ En trois étapes : 1) On ouvre la porte. 2) On y met le yeti. 3) On ferme la porte !

Et savez-vous comment faire tenir un yack dans le réfrigérateur ?

■ En quatre étapes : 1) On ouvre la porte. 2) On en sort le yeti. 3) On y met le yack. 4) On ferme la porte !

Un vieux bonze qui avait toute sa vie étudié les *Sutras* partit par les chemins montagneux porter la bonne parole auprès des villageois des hauts plateaux de l'Himachal Pradesh. Il transportait avec lui un livre ancien et précieux contenant des textes sacrés connus chez nous sous le nom de *Sutras du Diamant*. En chemin, il croisa une vieille femme qui vendait du thé et des biscuits. Passablement affamé et assoiffé par sa longue route, il souhaitait se rafraîchir et se restaurer, mais ne possédait pas d'argent. Il dit à la vieille femme :

— J'ai avec moi un trésor de sagesse et de connaissance : les *Sutras du Diamant*. Offre-moi donc du thé et des biscuits, je te lirai des pages de ces textes sacrés !

La vieille femme connaissait en partie ces textes et lui dit :

— Ô moine savant, j'ai une meilleure idée : si tu réponds à une simple question, je t'offrirai du thé et des biscuits !

Le bonze acquiesça, confiant. Et la femme lui posa sa question :

— Quand tu manges des biscuits, les manges-tu avec la conscience du passé, la conscience du présent ou la conscience du futur ?

Le bonze ne trouva pas de réponse, alors il sortit le livre des *Sutras du Diamant* dans l'espoir de la découvrir. Il étudia longuement l'ouvrage, sans résultat. Peu à peu, le jour tombait sur les hauts plateaux de l'Himachal Pradesh et la vieille femme commençait à empaqueter ses affaires pour rentrer chez elle. Voyant le bonze perdu et l'âme emplie du doute, elle lui lança en s'éloignant :
— Tu es vraiment un bonze idiot ! Les biscuits, ça se mange avec la bouche !

« L'ignorance n'est pas la béatitude. Sinon, il y aurait bien plus de gens béats ».

(Sir Clough Mc Gregor.)

Tsintsin dit à son ami Meng :
— Le maître a dit que toute créature vivante était l'un de nos parents dans une vie antérieure.
Et Meng lui répond :
— C'est juste. Et je dirais même que toute créature vivante me devait de l'argent dans une vie antérieure !

Qu'est-ce qui est une fois orange, une fois chauve, une fois orange, une fois chauve et ainsi de suite ?

■ Un moine bouddhiste qui fait des galipettes !

Un jour, un jeune homme timide embarquant dans un avion entend dire que le Dalaï-Lama est à bord. Réjoui et fier de pouvoir peut-être l'apercevoir en personne, le jeune homme se retrouve par hasard assis... juste à côté de lui ! Très intimidé, il ne décroche pas un mot à son voisin. L'avion décolle. Au bout de quelques minutes, le Dalaï-Lama sort de son sac un magazine de mots croisés et commence à remplir une grille. Le jeune homme se dit : « C'est fantastique ! Moi qui suis très fort en mots croisés, peut-être le Dalaï-Lama aura-t-il besoin d'aide et me sollicitera-t-il ? » Presque aussitôt, son voisin se tourne vers lui et dit :

— Un mot de sept lettres se terminant par « o-u-i-l-l-e » : « *Qui est vide quand on a tiré un coup.* » Vous avez une idée ?

Le jeune homme, troublé, se sent incapable de dire au Dalaï-Lama le seul mot auquel il pense et qui corresponde à la définition. Très mal à l'aise, il réfléchit encore un peu puis une idée lumineuse lui vient soudain :

— Je pense que le mot que vous cherchez est « *d-o-u-i-l-l-e* » ! dit-il.

— Ah oui, bien sûr ! répond le Dalaï-Lama. Auriez-vous une gomme ?

« Les oiseaux, semble-t-il, sont si absorbés par le fait d'être des oiseaux qu'ils n'ont pas le temps de spéculer sur le fait de ne pas en être. »

(William A. Russell.)

Quelle est la partie la moins sensible du cerveau ?

■ Le soldat chinois.

Devant la maison de Gendun, Tsintsin remarque que celui-ci a installé des pancartes « Attention au chien ». Il s'adresse à son ami :

— Ton chien est minuscule, il ne mordra sans doute jamais personne !

— C'est vrai, répond Gendun.

— Alors pourquoi as-tu installé toutes ces pancartes ?

— C'est pour que personne ne marche sur mon chien !

Que dit un escargot lorsqu'il est sur le dos d'une tortue ?

■ YAOOOUUUUUHHHHH !

Lors d'un procès pour vol dans un tribunal de New Delhi, un juge demande au prévenu :

— Expliquez-moi comment vous avez fait pour voler tous ces lingots et les transporter sur votre dos ?

Et le prévenu lui répond :

— Ce n'est pas la peine que je vous explique... Vous n'y arriverez jamais !

Comment fait un éléphant pour se cacher dans un champ de fraises ?

■ Il se peint les ongles en rouge !

Avez-vous déjà vu des éléphants dans un champ de fraises ? Non ?

■ C'est parce qu'ils sont bien cachés !

Dans une pharmacie de Tokyo, un lutteur de sumo se pèse sur une balance électronique. Aussitôt, un ticket sort de la balance, sur lequel on peut lire : « On est prié de se peser un par un » !

Combien faut-il de psychologues pour changer une ampoule ?

■ Un seul. Mais il faut que l'ampoule veuille vraiment changer.

Trois amis — un Tibétain, un Chinois et un Indien — se promènent joyeusement au bord du fleuve Makang, au milieu duquel nage un crocodile. Le Chinois et l'Indien, apeurés, se mettent à lui jeter des pierres. Soudain agressif, l'animal avance alors vers eux et ils s'enfuient pour se cacher. Mais le Tibétain reste au bord de l'eau. Bien que ses deux compagnons l'appellent, il ne bouge pas. Et très sûr de lui, il leur lance :

— Je ne crains rien ! Je ne lui ai pas envoyé de pierres, moi !

Pourquoi l'éléphant du zoo de New Delhi a-t-il des chaussettes vertes ces temps-ci ?

■ Parce que les bleues étaient sales !

On raconte qu'un jour, lors l'ouverture des Jeux de Moscou, Leonid Brejnev commença son discours ainsi :

— O ! O ! O ! O ! O !

Et son ministre des Affaires étrangères lui chuchota alors discrètement :

— Non, non ! Ça ce n'est pas la peine, ce sont les anneaux olympiques !

Le FBI recherche un nouveau chien policier et passe une petite annonce. Un brave shitzu tibétain y répond. Le jour où il se présente dans les bureaux de l'organisation, le directeur du personnel entame l'entretien d'embauche ainsi :

— Avant d'être engagé, vous devrez montrer des compétences dans de nombreux domaines. Tout d'abord, savez-vous taper à la machine à la vitesse de soixante mots à la minute ?

Aussitôt, le chien s'assied derrière une machine à écrire et tape jusqu'à quatre-vingts mots en une minute. Le directeur du personnel est satisfait. Mais il enchaîne :

— Nous allons maintenant vous faire passer le test du parcours d'obstacles.

Ils sortent et le chien s'élance aussitôt sur le parcours, réalisant l'un des meilleurs temps jamais obtenus sur la distance. Le directeur du personnel est satisfait. Mais il ajoute :

— Il y a une dernière condition à remplir avant que le FBI vous embauche : vous devez être bilingue.

Alors le brave shitzu regarde l'homme et fait :

— Miaou !

Tsintsin dit à Gendun :

— Vois-tu la forêt, là-bas ?

— Non, répond Gendun, les arbres me cachent la vue !

Pourquoi les maquereaux du fleuve Makang ne s'arrêtent-ils jamais de nager ?

■ Parce qu'ils ne savent pas marcher !

Toutes les trois semaines, le Premier ministre chinois va chez le coiffeur, et celui-ci commence toujours la conversation par la même question :

— Alors, où en sont les droits de l'homme au Tibet ?

Un jour, le Premier ministre chinois est agacé et demande à son coiffeur pourquoi il lui pose toujours cette question. Et il lui répond :

— Par pur confort ! Ça vous fait aussitôt dresser les cheveux sur la tête et ils sont plus faciles à couper !

Deux escargots se promènent quand ils rencontrent une limace. Affolé, l'un des deux dit :
— Demi-tour, nous sommes sur une plage de nudistes !

Un homme est en train de se noyer dans le fleuve Makang. Il s'écrie :

— Au secours, au secours, je ne sais pas nager !

Un passant qui se promenait sur un pont juste au-dessus se penche et lui répond :

— Moi non plus, et je n'en fais pas tout un plat !

Tsintsin va au cinéma. Il achète son billet à la caisse et entre à l'intérieur de la salle. Deux minutes plus tard il en ressort et achète un nouveau billet. Quelques minutes se passent et Tsintsin sort encore une fois pour acheter un billet.

— Je ne comprends pas, dit la caissière, je vous ai déjà vendu deux billets !

— Je sais, répond Tsintsin, mais à chaque fois que j'entre dans la salle, un monsieur me le déchire !

Dans le lac de Taldung se baigne un éléphant plein de sagesse et de bonhomie. Soudain, une petite souris s'approche, furieuse, et lui lance :
— Sors immédiatement de l'eau !
L'éléphant obéit, et la souris se calme. Presque aussitôt elle ajoute :
— Ça va pour cette fois ! Je croyais que c'était toi qui m'avais emprunté mon maillot…

Qu'est-ce qui a quatre jambes et soixante-quatre dents ?

■ Un crocodile.

Qu'est-ce qui a soixante-quatre jambes et quatre dents ?

■ Le gouvernement chinois.

Deux hommes sont dans une montgolfière. Le premier demande au second :

— Excusez-moi, pouvez-vous me dire où nous sommes ?

Le second réfléchit très longtemps puis répond :

— Eh bien, nous sommes dans une montgolfière !

— Merci, monsieur le mathématicien.

— Comment savez-vous que je suis mathématicien ?

— Pour trois raisons : la première, c'est que vous avez mis très longtemps avant de me donner la réponse ; la seconde, c'est que la réponse était très précise ; et la troisième, c'est qu'elle était parfaitement inutile !

Un kangourou vient s'asseoir dans une maison de thé de Gyantsé et commande une tasse de lapsang souchong. Le vénérable employé le sert et lui demande 100 yuans. Le kangourou fouille dans sa poche (hi ! hi ! hi !) et lui tend un billet de 100 yuans. Mais pendant qu'il boit son thé, l'employé le regarde de loin, intrigué. Finalement, il s'approche à nouveau de lui et dit :
— Excusez-moi mais… On ne voit pas souvent de kangourous ici habituellement…
Et le kangourou lui répond :
— À 100 yuans le lapsang souchong, ça ne m'étonne pas !

« Il existe deux catégories d'individus : ceux qui divisent les individus en deux catégories, et les autres ! »

(Sir Clough Mc Gregor.)

Dans les années soixante-dix, Leonid Brejnev et Richard Nixon font une course à vélo. Nixon gagne. Et le lendemain, *La Pravda* titre :

« Notre camarade Brejnev brillant deuxième ! Nixon avant-dernier ! »

Pourquoi les yetis sont-ils blancs ?

■ Pour qu'on ne les confonde pas avec les fraises des bois !

Le cousin de Tsintsin se trouve sur le *Titanic* durant le naufrage. Voyant une chaloupe, il la détache et la jette à l'eau. Lorsqu'il s'apprête à sauter dedans, apparaît le capitaine qui lui crie :
— Eh ! Que faites-vous ? Il y a encore des femmes à bord !
Et le cousin de Tsintsin lui répond :
— Croyez-vous vraiment que ce soit le moment de penser à ça ?

Deux hommes marchent dans une rue du centre-ville de McLeod Ganj. L'un d'eux ramasse un morceau de miroir sur le trottoir. Il le regarde, y voit son visage et s'exclame :
— Tiens, c'est étrange, la tête de cet homme me dit quelque chose…
Alors l'autre lui prend le morceau de miroir, le regarde à son tour et dit :
— Tu es sot, c'est moi !

Comment font les éléphants pour descendre des arbres ?

■ Ils se posent sur une feuille et ils attendent l'automne !

Pourquoi les éléphants n'ont-ils pas d'ordinateurs ?

■ Parce qu'ils ont peur de la souris !

Comment s'aperçoit-on qu'on a un éléphant dans son lit ?

■ Parce qu'il a un « *E* » brodé sur son pyjama !

Tsintsin dit à son père :
— Regarde papa, le joli ballon de football perdu ! Je viens juste de le trouver !
— Et comment savais-tu qu'il était perdu ?
— Facile ! Regarde de l'autre côté de la rue : les autres enfants le cherchent encore !

Combien de Népalais faut-il pour changer une ampoule ?

■ Cinq. Un qui monte sur la table et quatre pour tourner la table !

« L'enfer était parfait, jusqu'à ce qu'un homme sage se rende au paradis et en revienne. »

(Buddhadasa Bhikkhu.)

Dans un monastère de la vallée de Shangri-La, le lama Kenthrul décide de faire vœu de silence. Désormais, il ne communiquera avec ses compagnons que par le biais de messages manuscrits, et plus jamais par la parole.
Le premier soir après l'annonce de son vœu, il écrit ce message à l'un de ses compagnons :
« Merci de me réveiller à l'aube pour la méditation. »
Mais le lendemain matin, le lama Kenthrul se réveille… à 9 heures. Surpris et désappointé, il se lève et plie vivement sa natte. Il tombe alors sur un message manuscrit posé près de lui :
« Réveille-toi, Kenthrul, il est 5 heures ! »

Un jeune Tibétain se promène dans Dharamsala, tenant au bout d'une laisse un crocodile. Un policier l'interpelle :

— Que faites-vous avec ce crocodile ?

— Je l'ai trouvé et je ne sais pas quoi en faire.

— Emmenez-le donc au zoo !

— Oui, c'est une bonne idée.

Une heure plus tard, le policier croise à nouveau le jeune Tibétain avec son crocodile.

— Alors, êtes-vous allé au zoo ? demande-t-il.

Et le jeune homme répond :

— Oui, et il a bien aimé. Alors maintenant je l'emmène au cinéma !

Comment fait-on pour couler un sous-marin chinois ?

■ On cogne à la porte !

Lors d'un cocktail dans une ambassade, un homme avec un air pincé s'adressait à une jeune fille :
— Voyez-vous, chère amie, il y a deux hommes au monde que j'admire énormément.
— Ah ? dit-elle. Et qui est l'autre ?

Pourquoi les bananes sont-elles tordues ?

■ Pour entrer dans leurs pelures !

Le cousin de Tsintsin tombe dans un précipice et réussit à s'accrocher in extremis à la branche d'un arbre. Coincé dans le vide, il s'écrie :
— Au secours ! Au secours ! Y a-t-il quelqu'un ?
Alors le ciel se déchire, une immense lumière inonde la terre et une voix très puissante retentit :
— Je suis là, n'aie pas peur ! Lâche cette branche, laisse-toi tomber, et tu monteras avec moi jusqu'au paradis !
Et le cousin de Tsintsin poursuit :
— Euh... Et il n'y aurait pas quelqu'un d'autre, par hasard ?

Moralité : N'oublie jamais qu'en cherchant à atteindre le nirvana, tu peux y parvenir !

Pourquoi les girafes ont-elles un long cou ?

■ Pour mieux voir le film quand elles sont assises au dernier rang !

Un homme pulvérise frénétiquement un produit en bombe dans les rues de Dharamsala, apparemment sans raison. Un passant s'adresse à lui :

— Que faites-vous là ?

— Je viens d'inventer un produit pour éloigner les éléphants.

— Mais il n'y a pas d'éléphants par ici…

— Justement, c'est parce que mon produit est efficace !

Dans une salle de classe au Tibet, la maîtresse demande à un élève :

— Qui est ton père ?

— Le Tibet.

— Et ta mère ?

— La Chine.

— Et ton souhait le plus cher ?

— Qu'ils divorcent !

À l'heure de la méditation matinale dans un temple de Dergé Gonchen, un vieux moine demande à un plus jeune :
— Il pleut dehors. Aurais-tu la bonté de te lever et d'aller fermer la fenêtre ?
Le jeune moine s'exécute aussitôt. Puis il revient vers son aîné et lui dit :
— Voilà. J'ai fermé la fenêtre. Mais il pleut toujours dehors...

Connaissez-vous la terrible et édifiante histoire de « Pouitch le yack » ?

■ Un matin, à l'heure où la lumière de l'aube filtre à travers les feuilles de l'arbre, un très gros yack à l'œil torve traversa nonchalamment la grand-route d'un village himalayen. Alors une voiture arriva, et… « Pouitch le yack » !

En Islande, après six mois d'enquête, un commissaire interroge son premier suspect :

— Que faisiez-vous dans la nuit du 20 novembre au 6 avril ?

Pourquoi les Chinois ne jouent-ils pas à cache-cache ?

■ Parce que personne ne les cherche !

Moïse est en pleine discussion avec ses lieutenants. L'un d'entre eux l'interpelle :

— Les Égyptiens nous poursuivent et nous sommes coincés au bord de la mer Rouge. Qu'allons-nous faire, Moïse ?

— Battons-nous ! propose un autre lieutenant.

— J'ai une meilleure idée, dit Moïse. Je vais ouvrir les eaux de la mer, nous passerons tous et les flots se refermeront sur les Égyptiens tandis qu'ils tenteront de nous poursuivre !

L'assemblée acclame Moïse pour cette brillante idée. Alors son attaché de presse lui lance :

— Moïse, si tu arrives vraiment à faire ce coup-là, je te jure que je t'obtiens au minimum dix pages dans la Bible !

— Ma mère m'a puni pour une chose que je n'ai même pas faite ! se lamente Tsintsin devant son ami Gendun.

— Ah oui ? Qu'est-ce que c'est ?

— Mes devoirs…

Qu'est-ce qui fait 999 fois « tic ! » et une seule fois « toc ! » ?

■ Un mille-pattes avec une jambe de bois.

À New Delhi, au cours du vernissage d'une exposition de peintures, un visiteur découvre un cadre vide.

— Qu'est-ce que ce tableau représente ? demande-t-il à l'artiste.

— Des yacks dans un pré.

— Mais je ne comprends pas, on ne voit pas de pré !

— Forcément, les yacks ont mangé toute l'herbe...

— Oui mais les yacks, on ne les voit pas non plus !

— Croyez-vous qu'ils allaient rester dans un pré où il n'y a plus d'herbe ?

Comment peut-on distinguer une tongue d'un écureuil ?

■ Disposez la tongue et l'écureuil au pied d'un arbre. Celui qui monte, c'est l'écureuil !

Lors d'un voyage dans une capitale européenne, le Dalaï-Lama doit faire le tour de la ville en limousine, et demande à son chauffeur s'il peut conduire lui-même. Le chauffeur refuse tout d'abord, mais le Dalaï-Lama insiste et finit par le convaincre de le laisser prendre le volant. Hélas, il se fait très vite arrêter par la police locale, car il roule à plus de 150 kilomètres à l'heure !

Le soir même, de retour chez lui, l'un des policiers qui l'ont interpellé raconte à sa femme qu'il a arrêté « quelqu'un de très connu ».

— Était-ce le maire de la ville ? demande-t-elle.

— Non, quelqu'un de plus connu que ça ! répond le policier.

— Était-ce le Premier ministre ? demande-t-elle.

— Je ne pense pas ! dit-il.

— Mais alors, qui cela pouvait-il bien être ? demande-t-elle.

— Je ne sais pas, dit le policier, mais en tout cas, c'est le Dalaï-Lama qui conduisait sa limousine !

Qui est le Chinois le plus rapide du monde ?

■ WOOOOOONNNGGGG !

Tsintsin pose des devinettes à son ami Gendun :

— Qu'est-ce qui est vert et qui vient d'une autre planète ?

— Un Martien ! dit Gendun.

— Qu'est-ce qui fait « croaaa ! croaaa ! » et qui vole ?

— Un corbeau ! dit Gendun.

— Alors, qu'est-ce qui est vert et qui fait « croaaa ! croaaa ! » ?

— Je ne sais pas dit Gendun.

— Mais voyons, une grenouille !

Dans un restaurant chic de Katmandou, un homme d'affaires demande à la serveuse :
— Où sont les toilettes s'il vous plaît ?
— De l'autre côté, répond-elle.
Alors l'homme d'affaires s'approche de l'autre oreille de la serveuse et dit :
— Où sont les toilettes s'il vous plaît ?

Un touriste occidental se promène sur un chemin de randonnée dans l'Himalaya. Il avise un vieux paysan népalais qui surveille son troupeau.

— Dites-moi, comment appelle-t-on ces bêtes-là ?

— Des vaches, répond le paysan. Ce sont des vaches.

— Ah oui, d'accord. Et elles vous donnent beaucoup de lait, ces vaches ?

— Oui, les blanches surtout. Elles donnent bien dix litres de lait par jour… Les noires aussi, d'ailleurs !

— Dites-moi ; et ces bêtes-là, plus loin, comment les appelle-t-on ?

— Des moutons, répond le paysan. Ce sont des moutons.

— Ah d'accord… Et ils vous donnent beaucoup de laine ?

— Oui, les blancs surtout. Ils m'en font bien vingt kilos par an… Les noirs aussi, d'ailleurs !

— Et ces petites bêtes-là, plus loin, comment les appelle-t-on ?

— Des poules, répond le paysan. Ce sont des poules.

— Et elles vous font beaucoup d'œufs, ces poules ?

— Oui, les blanches surtout. Elles m'en font bien chacune un par jour… Les noires aussi, d'ailleurs !

— Mais dites-moi, pourquoi distinguez-vous systématiquement les bêtes noires des bêtes blanches, puisque de toute façon elles produisent la même chose ?

— C'est parce que les blanches, elles sont à moi !

Puis, après un temps :

— Les noires, aussi d'ailleurs...

Comment occuper un Chinois pendant des heures ?

■ Réponse ci-dessous.

Comment occuper un Chinois pendant des heures ?

■ Réponse ci-dessus.

— À ton avis, pourquoi le ciel est si haut ? demande sa maman à Tsintsin.
Et l'enfant répond :
— C'est pour éviter que les oiseaux se cognent la tête quand ils volent !

Deux jeunes moines traversent le désert en bivouaquant. Un matin, l'un des deux s'aperçoit que son compagnon n'est pas dans la tente. Il sort et découvre horrifié que celui-ci se trouve à quelques mètres de là, et qu'il est en train de courir autour d'un arbre, poursuivi par un lion ! Alors pour le rassurer tout de suite, son compagnon lui lance :

— Rassure-toi, j'ai deux tours d'avance !

Un jour, le cousin de Tsintsin prend le train pour Nyakchukha. Il s'assied en face d'un monsieur et essaye d'engager la conversation :

— Voulez-vous que je vous raconte la dernière histoire chinoise ?

L'homme lui répond :

— Faites attention, jeune homme, je suis moi-même chinois !

Alors le cousin de Tsintsin le rassure :

— Ce n'est pas grave : si vous ne la comprenez pas du premier coup, je vous la raconterai une deuxième fois !

Qu'est-ce qui est orange, chauve, qui monte et qui descend ?

■ Un moine bouddhiste dans un ascenseur !

Un grand lama plein de sagesse réunit ses disciples dans son monastère et leur demande avec malice :
— Savez-vous ce que je vais vous raconter ?
— Non, répondent-ils en chœur.
— Alors moi non plus !
Et le grand lama sort. La semaine suivante, il pose à nouveau sa question à ses disciples :
— Savez-vous ce que je vais vous raconter ?
— Oui, répondent-ils en chœur.
— Très bien, alors inutile que je vous le raconte !
Et le grand lama sort. Intrigués, les disciples se mettent secrètement d'accord entre eux. La semaine suivante, le grand lama leur pose à nouveau sa question :
— Savez-vous ce que je vais vous raconter ?
— Oui, répond une moitié des disciples.
— Non, répond l'autre moitié.
Alors le grand lama s'exclame :
— Parfait ! Que ceux qui savent expliquent aux autres !

Pour leur bonté et leur compassion sans limites,
remerciements à

Laurence Chriqui, Fanny Epelberg
et Jean-Louis Festjens.

OUVRAGES DE CAMILLE SAFÉRIS

AUX ÉDITIONS HORS COLLECTION

Le Manuel des Premières Fois

Le Manuel des Célibataires

Les Vacanciers
avec Dupuy-Berberian

Le Livre des Joies Simples

CHEZ D'AUTRES ÉDITEURS

Ne quittez pas, je vous passe mon répondeur !
avec Daniel Ichbiah (Éditions de l'Instant)

Ferme ta boîte à camembert !...
avec Alexandre Révérend
(Éditions Ramsay/Archimbaud)

...Tu l'ouvriras pour le dessert !...
avec Alexandre Révérend
(Éditions Ramsay/Archimbaud)

CAMILLE SAFÉRIS SUR INTERNET
http ://saferis.online.fr/

Cet ouvrage a été imprimé
sur presse Cameron
par ***Bussière Camedan Imprimeries***
à Saint-Amand-Montrond (Cher)
en août 1999

N° d'impression : 993336/1.
Dépôt légal : août 1999.
Imprimé en France